SI LA FRANCE ÉTAIT VAINCUE

QUE DEVIENDRAIT L'EUROPE?

ANGERS. — IMPRIMERIE-LIBRAIRIE DE J. LEMESLE.

LA COALITION & BISMARCK DÉVOILÉS

SI LA FRANCE

ÉTAIT VAINCUE

QUE DEVIENDRAIT L'EUROPE ?

PAR

F..... FLOBERT +

Architecte - Métreur - Vérificateur

Membre honoraire de la Société des Architectes des Pays-Bas,
et des Chambres syndicales de
Lyon, Lille, Arras, Evreux, Mâcon, Châlon-sur-Saône, etc.

Prix : **40** centimes.

PARIS

CHEZ L'AUTEUR, 7, BOULEVARD SAINT-MICHEL
et chez les Principaux Libraires

1870

SI LA FRANCE

ÉTAIT VAINCUE

QUE DEVIENDRAIT L'EUROPE?

PAR

F..... FLOBERT +

La diplomatie a certainement dû se poser cette question, à laquelle elle s'est répondu que la France étant invincible, il n'y avait pas lieu de se préoccuper des suites de sa défaite.

Elle a eu raison de croire la France invincible, mais elle a eu tort de ne pas rechercher qu'elles seraient les conséquences de la victoire si elle appartenait aux Prussiens.

Elle a eu tort ! parce que le plan prussien aurait été divulgué dans toute sa honteuse laideur ; parce que cette étude aurait prouvé que la France lutte en ce moment au profit de l'Europe contre l'envahissement de l'autocratie, contre l'absorption des petits États par les grands, en un mot, contre l'abus du pouvoir personnel, absolu, au profit de la liberté et de la civilisation.

LIBERTÉ ET CIVILISATION !

Voilà les deux plus grands ennemis des coureurs de couronnes, des chefs de dynastie qui ne rêvent que conquêtes !

—

De leur côté, les peuples ont-ils songé, aux résultats d'une guerre dans laquelle la Prusse pouvait être victorieuse, surtout quand cette guerre est dirigée contre la France, la mère patrie de la liberté, du progrès ?...

Non ! les peuples n'ont pas songé à ces résultats, sans quoi ils se seraient tous levés en masse soit pour soutenir l'honneur du drapeau français, soit pour rendre la guerre impossible, parce que ses conséquences sont d'une gravité qui n'échappera à personne.

—

A-t-on eu tort, a-t-on eu raison de faire la guerre ?

La situation actuelle ne me permet pas cet examen.

—

Elle existe, voilà le fait !

Recherchons donc ses conséquences, pour ne ne pas être pris au dépourvu, pour ne pas acclamer une fausse victoire, pour ne pas illuminer, à l'honneur d'un Sadowa, comme nous l'avons fait le jour où, sans réfléchir, nous nous félicitions de notre défaite la plus incontestable.

La France sera victorieuse, je le sais bien !

Nous ne devons pas nous désoler de nos derniers revers, parce qu'ils nous auront enseigné la prudence et qu'ils auront prouvé à l'univers la bravoure de notre généreuse armée.

Cela est entendu !

La fermeté et la capacité de notre ministre de la guerre ; l'activité et le patriotisme de notre ministre de l'intérieur ; l'unité du commandement de nos armées, la science stratégique des chefs nouveaux et enfin la bravoure et l'intrépidité de toute notre armée : officiers et soldats sont autant de sûrs garants d'une victoire aussi éclatante que méritée, victoire d'autant plus grande que tombés plus bas, nous serons remontés plus haut, bien plus haut !

Je suis convaincu de ces vérités, et mal tomberait celui-là qui les nierait devant moi !

Mais pourtant ! si la France était vaincue !!... Que deviendrait l'Europe ?...

———

Je ferai d'abord remarquer à mes lecteurs que, dans la situation actuelle la France, ne lutte pas contre la Prusse purement et simplement, contre l'ancien margrave de Brandebourg, contre une puissance enfin.

Oh non !

Elle lutte contre une coalition complète ! contre... combien de puissances réunies ?...

Comptons-les

1° Contre la Prusse ! cette soi-disant patrie mère de la liberté, qui, d'une mauvaise principauté, a pu, grâce a son amour sacré pour la liberté des peuples, grâce à son profond respect pour l'autorité des souverains, grâce à sa franchise, à l'honorabilité de ses paroles, de ses alliances, grâce enfin à tout ce que le fourbe et l'oppresseur savent ou peuvent employer en raffinement, en mensonges, en trahisons, en surprises, etc., etc., grâce à toute cette litanie de crimes contre les peuples, de crimes contre les rois, de crimes contre tout ce qui est bien, contre tout ce qui est juste, contre tout ce qui est grand, contre tout ce qui est liberté..... Grâce à tout cela, dis-je, le mauvais duché de Brandebourg est devenu le grand royaume de Prusse.

Et l'insolence grandissant avec le succès, ce royaume de Prusse croit qu'il absorbera la moitié de l'Europe et deviendra, non l'Empire d'Allemagne, mais l'Empire d'Occident.

Voilà comme quoi il a déjà complétement absorbé les pays suivants, contre lesquels nous avons à lutter aujourd'hui, quoiqu'ils soient nos amis, mais qui sont devenus les manœuvres du roi de Prusse, à qui ils doivent obéir, même pour l'assassinat :

1. Le royaume de Hanovre,
2. Le pays libre de Francfort,
3. Le Nassau,
4. La Hesse-Electorale,
5. Une partie du Danemarck.

Ce qui fait à peu près six pays contre la France ! Six pays qui, sous promesse de la li-

berté, ont été asservis, envahis, et constituent
maintenant ce beau royaume de Prusse qui,
pour égorger les enfants de la France, a fait
appel à ses vassaux, annexés de fait :

1. La Bavière,
2. La Saxe,
3. La Hesse-Grand'Ducale,
4. Le Wurtemberg.
5. Le grand duché de Bade.

On comprend bien qu'il faut être la France pour
tenir coup à une telle force, pour résister à un
pareil bélier qui compte 1,200,000 soldats de
campagne, connaissant le maniement des armes,
et qui sont protégés par de nombreux accidents
de terrain, par des forêts immenses qui constituent de véritables repaires dans lesquels se
masse cette nuée de corbeaux : Ces Allemands
devenus Prussiens !...

Quel est le sort de ces alliés de la Prusse ?

On a souvent dit qu'ils seraient annexés, ce
n'est pas là mon avis !

Ces braves Bavarois, Wurtembourgeois, Ba-
dois, Saxons et Hessois seront réservés pour le
désert du Hibou de Berlin, qui saura toujours
d'ici là, les forcer de se tenir à sa disposition, à
ses ordres, mais qui les engloutira tous en un
seul jour quand le moment sera venu, c'est-à-
dire quand la Prusse ne pourra plus rien pren-

dre à ses voisins; en attendant, ces bons petits roitelets seront les soliveaux du grand maître qui les ruinera du mieux qu'il pourra.

Il est adroit cet oppresseur, cela se doit, puisqu'il est Tartuffe.

Aussi évitera-t-il le plus qu'il pourra de provoquer la jalousie de ses puissants voisins par des annexions trop considérables, il annexera le plus qu'il pourra, mais au profit de ses vassaux qu'il anéantira quand tel sera son bon plaisir.

Son programme est moins d'agrandir son royaume que sa domination, son empire !...

Par conséquent, si la France était vaincue que ferait-il ?...

Il donnerait à son gendre, le margrave du grand duché de Bade, la Lorraine et l'Alsace qu'il considère comme allemandes de cœur et de naissance !

A quiconque se plaindra, le juste Bismarck répondra qu'il est encore bien bon de ne pas nous prendre les Vosges et le Jura, la Franche-Comté, la Champagne et la Bourgogne !

Voilà pour la France, qui sera ainsi parfaitement dépossédée sans que la Prusse proprement dite se soit agrandie.

Mais, est-ce assez pour le bon gendre de Guillaume ?

Non !

Bismarck trouvera bien moyen de démontrer que le Luxembourg s'est mal conduit dans sa neutralité, et on en fera un fleuron de plus pour la couronne du grand maître du tripot de Bade.

Mais, allez-vous dire, « *la Hollande ne se laissera pas enlever ainsi le Luxembourg.* »

Vous avez bien raison « et c'est bien ainsi que l'entendent Guillaume, Bismark et Cie, si la Hollande dit un mot » on la mangera ; et il y a bien longtemps qu'on en a envie.

Ces annexions là ne souffriraient pas de bien grandes difficultés, si la Prusse battait la France (le premier peuple militaire du monde), car son prestige serait si grand que personne n'oserait la regarder en face, encore moins la contrarier, car Bismark, le bon Bismark ne manquera pas de faire savoir que tout importun sera englouti !!

Mais, la Prusse s'en tiendra-t-elle là ?

Oh non ! elle a bien trop bon appétit avant de se mettre à table, et, n'oublions pas qu'elle vient encore en mangeant.

L'ogre, croira bon de ne pas remettre son épée dans son fourreau avant d'avoir réglé le compte à la Suisse Allemande qui s'est permis de rester neutre quand toute l'Allemagne était coalisée contre la France.

Alors on la remettra dans la corbeille de mariage de la grande duchesse de Bade et si, la suisse française se plaint de la séparation, on la réunira à la suisse allemande, c'est a dire à la Prusse.

Après cela, il y a le Danemarck qui aurait pu s'allier avec la Prusse pour éreinter notre flotte, il ne la pas fait, on l'en punira en l'anéantissant par l'annexion.

Vous vous recriez tous, nos chers lecteurs, vous m'accusez de folie, je ne suis cependant pas au bout, car il faut tout attendre de la Prusse victorieuse. Le prestige de la France seul la retenait, or; si la France est vaincue, rien ne peut plus arrêter la Prusse ! rien ! rien ! pas même la crainte de Dieu.

Mais la Russie, l'Autriche, l'Angleterre, l'Italie, allez-vous me dire, est-ce qu'elles se croiseront les bras ?

Oh ! attendez, je vais les faire entrer en scène, en commençant par la Russie, qui profitera des circonstances pour prendre la Turquie depuis si longtemps convoitée, et la Suède n'aura qu'à se bien tenir, mais encore ça n'y fera rien, elle devra succomber ainsi que la Grèce !

A ce prix, la Russie laissera faire la Prusse, ça sera toujours autant de pris à son profit, en attendant que la Russie mange la Prusse ou que la Prusse digère la Russie.

Quant à l'Italie : déjà la Prusse a pris ses précautions pour y faire éclater la Révolution.

Elle n'est donc pas à craindre, au contraire ; on profitera de l'insurrection pour livrer ce pays à l'anarchie.

On offrira l'Italie à François-Joseph, en échange de l'Autriche-Allemande que l'on donnera à la Bavière en récompense de son alliance.

Puis, pendant ces rectifications de l'Europe, qui, la France vaincue, se feraient en moins de six mois, Hohenzollern prendra le trône d'Espagne d'où il pourra facilement absorber le Portugal pour obéir à la politique prussienne, au profit de laquelle il abdiquera toujours ; c'est, du reste, l'habitude de sa famille.

———

Alors, la Prusse songera sérieusement à la Belgique, mais elle aura le soin de provoquer une bonne révolution dans les Indes anglaises. pour diviser les forces britanniques, et elle réussira à s'annexer le royaume de Léopold, devrait-elle y envoyer 1,000,000 de soldats.

Et si l'Angleterre crie trop fort, on lui répondra avec les marines prussiennes, danoises, hollandaises, espagnoles et portugaises.

La Prusse honnête et libérale s'emparera des colonies anglaises, et au besoin ira jusqu'à Londres, pour ainsi s'abreuver du sang de toutes les nations de l'Europe.

Que personne ne croie que les liens de parenté seraient un obstacle à l'avidité prussienne. Non, elle ne respectera rien. Quand on asservit, on asservit tout, aussi bien son père que son peuple.

Ainsi, vous voyez déjà une partie des résultats de la défaite de la France. Mais, ce n'est pas tout.

Jusqu'à présent, je n'ai pas parlé de la Roumanie, ni de la Hongrie, parce que l'Autriche, frappée à mort par Sadowa, doit forcément disparaître quoique, par bonté et pour avoir la paix, on lui laissera un instant, et provisoirement, prendre l'Italie.

L'Autriche et l'Italie doivent devenir la proie du vautour prussien, qui, du reste, a, je crois, deux becs, signe assez significatif de la gloutonnerie.

L'Autriche et l'Italie pour la Prusse, puis la Roumanie et la Hongrie pour la Russie.

Alors la France sera cernée par la Prusse qui, après avoir prussianisé l'Espagne, conquerra la France en l'écrasant sous un nombre considérable de soldats.

La Russie prendra sans doute l'Angleterre qui ne comptera plus le jour où la France sera vaincue...

Alors, il n'y aura plus en Europe que la Russie et la Prusse qui, depuis longtemps, se sera emparée d'abord de la Saxe et de la Hesse qu'elle considère déjà comme lui appartenant ; le grand duc de Bade abdiquera au profit de son suzerain ; la Bavière suivra ce généreux exemple et l'on dépossédera le roi de Wurtemberg qui serait peut-être le plus mutin, mais qui n'aurait certainement pas la force de lutter une petite heure.

Mais si la France. la Belgique, l'Angleterre, la Hollande, le Danemarck, la Suède et la Norwège, la Luxembourg, la Saxe, la Bavière, la Hesse Granducale, le Wurtemberg, le grand duché de Bade, la Suisse, l'Autriche, la Hongrie, la Roumanie, la Turquie, la Grèce, l'Italie, l'Espagne, le Portugal n'existent plus, si tous ces grands, beaux et braves peuples sont asservis sous la domination de la Russie et de la Prusse, l'esprit de conquête existera toujours et provoquera la discorde entre les deux puissants monarques qui se feront la guerre pour s'anéantir mutuellement.

M. de Bismarck est persuadé que la Prusse sera victorieuse; déjà il croit voir l'Europe prussienne avant de mourir, et quand un échec lui survient, il enrage tant il craint d'être obligé de quitter la terre avant d'avoir assisté à la réalisation de son plan, c'est-à-dire de l'avoir convertie en Prusse !

Energumène !!

Oui ! si la France est vaincue, ton plan peut réussir, en partie du moins.

Oui ! tu pourrais anéantir plusieurs gouvernements et réduire de grands peuples à un esclavage provisoire, mais de bien courte durée, crois-le bien.

Car il est maintenant impossible d'asservir les peuples, la liberté grandira, quoique l'on fasse, l'ignorance ne peut plus remplacer la civilisation.

Et le jour où il n'y aurait plus que deux ou trois souverains en Europe, la prophétie de Napoléon Ier trouverait son application :

« La France serait République ou Cosaque ! »

Elle serait République constitutionnelle et l'Europe avec elle, elle aurait fait justice de tous ces chefs ambitieux qui précipitent les nations pour satisfaire leur orgueil personnel, elle profiterait de ce que la barbarie prussienne aurait anéantie tous les rois, pour fusiller tous les prétendants ! !...

Ta besogne démontrerait une fois de plus aux peuples qu'ils sont tous frères et qu'ils ont toujours tort de s'égorger.

Mais sois tranquille, Bismark, la France ne sera pas vaincue !

Et vous, citoyens de l'Europe, sachez que la France défend votre cause à tous, sachez que vous êtes tous intéressés à sa victoire au profit de laquelle vous devez travailler, sous peine de disparaître de l'Europe....

Sachez enfin, peuple allemand, que l'on vous trompe indignement, que vous êtes les instruments aveugles, de conceptions coupables ; on vous fait abdiquer votre belle patrie pour faire de vous, non des Prussiens mais des Brandebourgeois.

Le plan qui précède est bien le plan prussien : LA CONQUÊTE ! L'ASSERVISSEMENT ! !

La France peut-elle perdre une pareille victoire ?

J'en appelle aux honnêtes gens ! j'en appelle à Dieu lui-même ! ! ..

La France sera victorieuse ! ou l'Europe sera perdue, et ses fleuves seront abreuvés du sang humain ! !

Mais la France sera victorieuse et son réveil sera terrible.

(Extrait du journal L'OUEST, d'Angers, du 18 août 1870.)

Angers. — Imp. LEMESLE